dtv

Zähne zur Zufriedenheit ausgefallen – oder: Die morschen Schindeln des Kirchendachs lagen ihm auf der Seele – oder: Stammtischgründung, sportlich und trotzdem intelligent. Ach ja, Hochzuckdrohnen nähern sich bekanntlich von Westen. Und daß bei einem Preisausschreiben nicht jeder den Hauptgewinn zieht, weiß man ja. Aber daß selbst der Gewinner eine Benachteiligung erfährt, und das auch noch durch die Post? – Laut ›Brockhaus‹ ist die Stilblüte eine »komische Verirrung des sprachlichen Ausdrucks«. Ob der Urheber einer solchen Verirrung das auch so sieht, sei dahingestellt. Für den Leser aber sind diese Verirrungen oft köstliche – und lehrreiche – Quellen der Heiterkeit.

Georg Friedrich Nikol wurde am 31. Juli 1908 in Bad Berneck geboren. Studium der Philosophie, Mathematik und Physik in München, 1933 Promotion zum Doktor der Technischen Wissenschaften. Über mehrere Jahre Assistent am Lehrstuhl für Geometrie an der Technischen Universität München. Er lehrte an Gymnasien in München und Freising Mathematik und Physik und lebt seit 1947 in Freising. Nachdem er viele ernste Schulbücher herausgegeben hatte, wandte er sich der Heiterkeit und dem Humor zu und gab lustige Geschenkbücher heraus.

Die Benachteiligung erfolgt durch die Post

Stilblüten aus Inseraten
und Pressenotizen

Herausgegeben von
Georg Friedrich Nikol

Deutscher Taschenbuch Verlag

Weitere Stilblütenbände:
Wegen Eröffnung geschlossen (10695)
Sehr geehrter Herr Firma! (20053)
Es fängt damit an,
daß am Ende der Punkt fehlt (20104)

Im Text ungekürzte Ausgabe
4. Auflage Dezember 2001
© 1988 Deutscher Taschenbuch Verlag GmbH & Co. KG,
München
www.dtv.de
Umschlagkonzept: Balk & Brumshagen
Umschlagfoto: © Mauritius/Kupka
Satz: Fotosatz Reinhard Amann, Aichstetten
Gesetzt aus der Plantin 11/13˙ (QuarkXPress)
Druck und Bindung: Druckerei C. H. Beck, Nördlingen
Gedruckt auf säurefreiem, chlorfrei gebleichtem Papier
Printed in Germany · ISBN 3-423-20488-5

Inhalt

Persönlich. Bitte vertraulich behandeln! 7
Versprochen ist versprochen 9
Bitte an allen Türen zusteigen! 10
Eltern, Kinder, Schule – Liebe, Lust und Leidenschaft 17
Tote schlafen fest 24
Aus Politik und Verwaltung 27
Komplettes Schlafzimmer ohne Bett anzubieten! 34
Sinkende Umsätze? Depressionen? 47
Erste Gehversuche mit dem Taktstock 53
Im Dienst der Gemeinheit 58
Aus dem Polizeibericht 60
Lernen Sie schießen und treffen Sie neue Freunde! 70
Zähne zur Zufriedenheit ausgefallen 75
Dann fällt die ganze Kirche ein 77
Landwirte können ihre Kühe nicht tragen ... 79
... und sind wir dankbar für jeden Tip! 83
Stille, aber furchtbare Arbeit 85
Tragisch! 90
Hätten Sie's gewußt? 91

Von alten und neuen Berufen	98
Ach, so ist das!	102
... und nun das Wetter!	104
Igittigitt!	106
Gewinnlos!	107

Persönlich. Bitte vertraulich behandeln!

Sehr geehrter Herr Dr. Oestrich, aus einem elitären Kreis mehrerer Damen haben wir Sie ausgewählt ...

Aber Anna verließ auch täglich ihre Traumvilla auf einem der schönsten Hügel Roms (mit Blick auf die Bucht von Neapel).

Margit Klinger nahm ihr Herz in beide Beine.

Sie trug auf ihrem gigantisch hochtoupierten roten Haar eine riesige weiße Bluse.

Strümpfe sollten bis in die Mitte des Knies riechen.

»Wir haben uns unvorstellbar albern und dumm benommen«, sagte Ricarda und hielt für ein, zwei Stunden den Atem an.

Es geht um den bekannten Helden des antiken Dichters Homer, der blind war, wahrscheinlich aber nicht gelebt hat.

Bei den meisten Menschen kommen Lügen unbewußt über die Lippen. Schon wenn man die Frage »Wie geht es dir?« spontan mit »Ja« beantwortet, kann das eine Lüge sein.

Die Franzosen konnten einige Brocken Deutsch, einige sogar etwas Französisch.

Sie hatte ein Komposthütchen auf; ein feiner Duft ging von ihr aus.

In jedem Hotelbett mehr als 60 Urlauber.

Jahrelang besuchten sie zusammen die 9. Klasse.

»Was?« Iris sah ihn mit gerunzelter Stimme an.

Sein Gesicht wurde hörbar länger.

Lieber einmal mit Schneewittchen als 7 x mit den Zwergen.

Aus der Unterhose der Männer spricht Gleichgültigkeit und Nichtachtung der Frau.

Er faßte seine Empfindungen genau in drei Worte: »Es ist eine Schande!«

Versprochen ist versprochen

Vor dem Mikrofon wird manches sich vielversprechende Talent entdeckt.

Von Westen nähert sich eine Hochzuckdrohne.

Auf dem Parteitag 1985 in S. machte sich ein Redner für Umweltschutz und Wälder stark: »Meine Damen und Herren! Es sterben unsere Wähler!«

Und für morgen abend, 20 Uhr laden wir Sie ein zu einem medizinischen Vortrag über das Thema: ›Verhängnis – Verhütung‹.

Das größte Glück der Pferde sind Reiter auf der Erde.

Unsere Romane werden von bekannten und beleibten Autorinnen geschrieben.

Die Worte zur Fastenzeit spricht nun Prolet Maier.

Bitte an allen Türen zusteigen!

Die mustergültige Ordnung im Bahnhof wird immer wieder durch weggeworfene Zeitungen, Billette, Stumpenreste und Kleinkinder unterbrochen.

Unzählige Dampfloks waren zum Hofer Hauptbahnhof gekommen, um die Ankunft einer Dampflokomotive aus der DDR mitzuerleben.

Er setzte sich nackt auf die Schienen und brachte ohne sichtbare Erregung einen Zug zur Notbremsung.

Reisen bildet – vor allem Staus auf Autobahnen.

Achtung Radfahrer! Bitte nicht mit dem Auspuff zur Grünfläche parken!

Der starke Rückflugverkehr, der am Samstag nachmittag im Großraum München vor allem auf der Salzburger Autobahn zu Stauungen bis zu 55 Kilometer Länge geführt hatte, flachte erst gestern nachmittag etwas ab.

... besondere Entwicklung im Düsseldorfer Straßenbild auf. Immer häufiger finden sich auf normalen Parkplätzen abgestellte Wohnungen. Nicht selten geht dadurch wertvoller Parkraum verloren.

Anfahrhilfen können dann eingesetzt werden, wenn ein steckengebliebenes Fahrzeug wieder flott gemacht werden soll bzw. wenn es sich nicht mehr lohnt.

Der Autoradio-Fachhandel bietet spezielle Diebstahlshalterungen an, durch die das Radio mit einem Griff aus dem Armaturenbrett herausgenommen werden kann.

Gegen den Trend erwies sich bei Opel der GEFO-Zusatzversager als Renner. Geringe Kosten, simpler Einbau ...

Kühler und Wasserpumpe eines nicht zugelassenen Opas montierte ein Mann am vergangenen Montag in Unterhaidmühle ab und nahm die Teile mit.

Motorschäden werden von uns prompt und zuverlässig durchgeführt.

Für die Ausbildung von Fahrschülern sind im Bereich des Landkreises Roth 28 Fahrschulen vorhanden. Im Jahr 1984 wurden drei Fahrerlaubnisse erteilt!

Dickes Ei unterm Schnee – da drehten sogar die Reifen von Streuwagen durch.

Man hofft, daß nach Ende der Bauarbeiten in der Großen Bleiche eine Umstellung der Ampelhasen eine Besserung bringt.

Eine enge Stelle im Sinne dieser Vorschrift liegt grundsätzlich dann vor, wenn der zur Durchfahrt insgesamt freibleibende Raum weniger als 3mm beträgt.

... mit ungeregeltem Katalysator, also alle als »schadstoffarm« eingestuften Autos, brauchen nicht mehr jährlich, sondern nur noch einmal im Jahr zur Sonderuntersuchung.

Eine optimale Straßenlage bei hoher Geschwindigkeit ist also ohne Fahrer gar nicht denkbar.

Sein starker Anzug, seine vier Zylinder und die obenliegende Nockerlwelle gefielen ihr auf Anhieb.

Ankauf von Unfallzeugen.

Die Steuerbefreiung für PKW mit Ottomotor endet bei Beginn der Steuerbefreiung.

10 km Privatweg: Prüfweg für höfliche Fahrer.

Überholvorgänge ergaben sich in dieser 45. Ausgabe des Monte-Carlo-Spektakels allein durch Überholmanöver.

Gold und Silber für unfallreiches Fahren verteilte die Kreisverkehrswacht auch im Jahre 1987.

Es ist unangenehm, überfahren zu werden. Leider machen immer noch viele Menschen unangenehme Erfahrungen im Straßenverkehr mit Fahrzeugen jeglicher Art.

Zeuge gesucht. Wer hat am 22.8.86, ca. 10.45, am Jungbrunnenplatz die Schlägerei zwischen einem Getränkefahrer und einem Kadett Kombi beobachtet?

Ein glimpflich verlaufener Auffahrunfall hatte zu der Massenkarambolage geführt. Ein dritter Auffahrunfall hatte dann angehalten, um zu helfen, als nach und nach andere Fahrzeuge in die Unfallstelle fuhren oder im Rückstau kollidierten. Die Autobahn wurde für mehrere Stunden gesperrt.

Zeuge gesucht! Dienstag, 14.25 Uhr, Tor 9: Fußgänger rannte mir (Dame) ins Auto (R 5) und beschädigte dieses stark.

Der zunächst vermutete Schaden am Fahrzeug fand sich nicht bestätigt, denn bei näherem Hinsehen fand sich ein eingeschlagenes Seitenfenster und eine kurzentschlossene Zündung.

Der Fahrer und der frisch geschlachtete Hammel überlebten den Unfall unbeschädigt.

Füssen. In der Nacht zum Freitag wurde eine Dachrinne in der Sebastianstraße offensichtlich von einem PKW beschädigt.

Hamburg. Eine Wildsau hat eine Hausfrau (26) mit ihrem Golf nachts auf der Autobahn bei Hannover gerammt. Die Fahrerin überschlug sich. Das Wildschwein starb, das Auto erlitt Prellungen.

Im Landkreis Traunstein kam ein 19jähriger bei einem Überholmanöver in einer Rechtskurve mit seinem Flugzeug auf die linke Fahrbahn und prallte mit einem Motorrad zusammen.

Als Folge der Kollision geriet die nachfolgende Fahrerin ins Schleudern, überschlug sich und kam erst nach 140 Minuten auf dem Dach liegend zum Stehen.

Nach Zeugenaussagen der beiden Fahrer hatten im Moment des Zusammenpralls beide Fahrer Grün bzw. Gelb, denn der Fahrer des PKW sollte Grün bekommen und der Fahrer der Straßenbahn bekam Geld.

Bis zum Frühjahr '86 muß man noch auf ein sehr attraktiv geratenes, bügelfreies und viersitziges 3er Cabrio warten. Es hat ebenfalls den 325 i-Motor.

Garage mit Dusche/WC für zwei Autos.

Einzelstück: VW Käfer, Totalumbau, 100 PS, alles TÜV, ohne Motor, VB 4000,– DM. Tel. . . .

Zu verkaufen: Einzelteile von 75-PS-Consul, z. B. neuw. Auspuff und neuer eleganter Pastell-Nerzhut.

Spritzige Flugente 2 CV, 1 J. abgehangen, gepfl. Gefieder, sucht Feinschmecker. Preis 7000,– DM, nehme aber auch 7200,– DM.

Größerer Bob mit Bremse und Fernsehantenne, alle Programme, günstig zu verkaufen. Tel. . . .

Die Ordnungshüter trauten ihren Augen nicht. Von 730 gemessenen Fahrzeugen rauschten am Donnerstag abend 120, also mehr als ein Drittel, zu schnell über die Hallschlag-Straße in Bad Cannstatt.

Ein nachfolgender Autofahrer bemerkte dies zu spät und fuhr auf. Personen wurden beschlagnahmt und der Staatsanwaltschaft vorgelegt, teilte die Polizei mit.

Eine Viertelstunde später der zweite Fall. Sichtlich alkoholisiert stoppten die Beamten den Fahrer eines Volvos, einen 25jährigen Geretsrieder.

Zuviel Blut im Alkohol, aber keinen Fahrzeugversicherungsschein hatte ein Mofafahrer, als die Polizei ihn nachts kontrollierte. Er mußte sich eine Blutentnahme gefallen lassen.

Gegenüber der Polizei verweigerte das Pferd jede Angabe zum Unfall.

Eltern, Kinder, Schule –
Liebe, Lust und Leidenschaft

Und er verströmte warme Wellen von Trost und Liebe für sie, und wenn er ihr die Butter reichte, war sein Herz darin.

Als sie noch nicht verheiratet war und ihr in dem Zimmer ihrer Pension die Decke auf den Kopf fiel, wußte sie immer einen Ausweg. Jetzt fiel ihr eine Villa auf den Kopf.

Kein Baby bei trüber Nachttischlampe.

Die Gebete wurden erhört: Gemeinsam mit Hausarzt Dr. Ventura und einer Hebamme brachte der stolze Bauernsohn aus Süditalien das 3507 Gramm schwere Mädchen zur Welt.

Der Geschlechtsunterschied zwischen den Eltern ist die Voraussetzung für die Zeugung des Nachwuchses.

Wieder mehr Babys! Ursache ist größtenteils unklar.

In der Tat wechselt sich das frischgebackene Elternpaar in der Babypflege ab. Nur stillen muß die Mutter allein.

Als untergewichtig gelten Säuglinge, die bei der Geburt weniger als 2500 Kilogramm wiegen.

Gegenseitiges Babysitting (unentgeltlich) von 2–4jährigen Kindern.

Ich hatte vier Kinder und fünf Dollar in der Tasche.

Total entnervte Psychologen-Wohngemeinschaft sucht robuste Person zur Zähmung zweier antiautoritär erzogener »Ungeheuer« (3 und 6 Jahre alt).

Müttererholung (nur Frauen) auf Sylt – drei Plätze.

Diskussionsgruppe Donnerstag: Der Verkehr mit dem anderen Geschlecht (nur bei schlechtem Wetter).

Wir, 36/35/4, suchen Leute mit Kindern, die mit uns in Darmstadt oder näherer Umgebung ein Haus mit Garten kaufen oder bauen und in Haugemeinschaft bewohnen.

Vier Frauen im Krabbelalter und Erzieherin suchen ca. einjährige(n) Spielgefährten tägl. vormittag.

Daß Kinderlosigkeit erblich sein könnte, ist nicht erwiesen.

Alle Klassenkameraden haben es zu etwas gebracht. Inge und Bärbel sind die einzigen, die Lehrerinnen wurden.

Viele Väter und Mütter stehen vor dieser Situation: Der Abc-Schütze kommt heim, das Diktat übersäht mit Fehlern.

Rund 800 Kinder werden jedes Jahr im St. Christophorus-Gymnasium geboren. Für die meisten der frischgebackenen Eltern ein Grund zur Freude.

In Lichtenrade platzten zwei Schulen aus allen Nähten. Wenn die Schüler weiter so stark zunehmen, muß bald in Kellern unterrichtet werden.

45 leuchtende Augenpaare rutschten unruhig auf den Bussitzen umher.

... seine Frau, die ihm seit 1984 das gemeinsame Schlagzimmer verwehrte.

Diejenigen, die selbst keine Kinder haben, werden herzlich gebeten, ihre Enkel mitzubringen.

Und sogar Europas erfolgreichster Autoknacker schrieb der Tochter eines millionenschweren Unternehmers glühende Liebesbriefe aus dem Gefängnis und drohte mit Heirat.

Hiermit erkläre ich in aller Öffentlichkeit, daß ich mich für Heiratsvermittlungen, die meine Eltern unternehmen, nicht verantwortlich fühle! Aus Gründen des Niveaus und der demokratischen Mitsprache sind Bewerbungen dieser Art in Zukunft bei mir persönlich vorzutragen.

Ich holte mein hübschestes Kleid aus dem Schrank und stellte mich unter die Dusche. Ich wollte meinem Mann gefallen.

Sekretärin im öffentl. Dienst, 34 J., eigene Wohnung, kinderlos, geschieden, tierliebend, sucht für gemeinsamen Lebensweg unter der neuen Regierung intelligenten, verständnisvollen Gefährten, der mein kleines Konto in Ordnung bringt und mir auch sonst Freude bereitet.

Junggeselle, 30/171, der Segeln und Tennis mag, sucht eine Frau, 30 J., die sein Dasein beendet.

Fescher sportl. Badeschwamm, 33/186, sucht nikotinfreie, geschmeidige Seife zwecks gemeinsamer Schaumbildung.

Älterer Herr sucht liebe, wenn möglich unabhängige Betreuerin (ca. 60–70 J.) für den Haushalt. Putzhilfe vorhanden. Biete freie Kost. Sohn nach Vereinbarung.

Im Aufblastest muß ein Kondom Belastungen bestehen können, die in der Praxis wohl nie gefordert werden.

Die Altersgrenze setzt der Lebenszeit ein Ende, und wer sie erreicht, hat mit bestimmten Folgen zu rechnen, von denen Altersruhegeld und Altersruhestand noch die harmlosesten sind.

Geheiratet wurde am 16. Nov. 1935 in der Kirche zu Albersdorf. Aus der Ehe sind drei Kinder und eine Tochter hervorgegangen.

Fühle mich als verlassene Frau wie eine zerrissene Kette, der ein Glied fehlt. Wer ersetzt es mir und füllt damit die Leere in meinem Inneren?

»Ich mußte zehn Minuten klingeln und klopfen, ehe meine Frau mir öffnete, und siehe da, wer war bei ihr? Der Schornsteinfeger, und zwar waren die beiden an einer Stelle im Haus, wo der Schornsteinfeger eigentlich nichts zu fegen hat.«

Die Eheleute sollen sich gegenseitig erschossen und dann verspeist haben.

Sie war eben dabei einzuschlafen, als ein Geräusch sie aufschreckte. Der Mond trat aus einem Wolkenbett.

Dann saß sie da wie erstarrt. Nur ihr Kopf wackelte. So verging eine Woche.

Frauen leben im Durchschnitt länger – das gilt besonders für Witwen.

Um ihren Fortbestand zu sichern, wollen die Benediktinerinnen Durchreisende beherbergen.

Bereits 1906 wurde eine Frauenhilfe gegründet, um die Liebestätigkeit an den Gliedern der Gemeinde zu wecken und zu organisieren.

Machen Sie sich heute ein paar schöne Tage!

Die Lust im Innenstadtbereich des Luftkurortes soll verbessert werden.

Der Nackte begehrte Einlaß, dies wurde nicht gewährt, weil Krawattenzwang bestand.

»Die kommen auch manchmal einfach, um nur ihr Bier zu trinken«, sagt Dagmar, die Geschlechtsführerin. »Die Herren fühlen sich wohl.«

Tote schlafen fest

Der Bund der Verstorbenen bereitete den Spätaussiedlern mit Bargeld und Einkaufsgutscheinen ein schönes Weihnachtsgeschenk.

Wegwerfgesellschaft macht vor Toten nicht halt.

Sie war halbnackt wie so oft in ihren Rollen, aber diesmal war sie auch noch tot.

Leiche machte Türe nicht auf – da fuhr die Polizei wieder weg.

Den Besprechungstermin konnte die Ermordete wegen ihres Zustands gar nicht mehr wahrnehmen.

Die qualvolle Wohnungsenge veranlaßte die Pfarrgemeinde zum Bau eines Leichenhauses.

Der neue Friedhof ist eine gute Visitenkarte des Ortes.

Für viele Bewohner der Insel ist das Begräbnis das wichtigste Ereignis in ihrem Leben.

Am beliebtesten sind Särge aus Holz, weil sie kühl, körperfreundlich und billiger sind als Metallsärge.

Selbst auf dem Friedhof ist man seines Lebens nicht sicher.

Wir sind eben viel zu gleichgültig. Erst wenn wir scharenweise sterben, werden wir aufwachen.

Die Maisacher wollen das Gelände aufschütten, damit die Leichen auch bei einer Mindestgrabtiefe von 1,80 Meter keinen Wassereinbruch erleiden.

Bitte haben Sie Verständnis, daß bei Todes-Danksagungen die Ärzte nicht erwähnt werden.

Chef der Friedhöfe soll Krankenhaus-Vize werden.

Zu ihm kamen viele Prominente, wenn ihr Leben erloschen war.

Das Gemeine am Kohlenmonoxyd ist, daß man es erst merkt, wenn man schon tot ist. Andere Gase kann man wenigstens gleich riechen, wenn sie unbemerkt entwichen sind.

Denn nur wenn der Tod amtlich festgestellt wird, haben Angehörige eines Verstorbenen keine Probleme, ein Erbe anzutreten oder sich eines Tages von dem verstorbenen Partner scheiden zu lassen.

Je länger ein Mensch lebt, desto schneller wächst die Möglichkeit, daß er stirbt.

Aus Politik und Verwaltung

Auch in diesem Jahr führt die Innungskrankenkasse wieder eine Infektion durch.

3200 amtliche Helfer kommen in jedes Haus.

Und dann überkam den Kanzler ein menschliches Rühren – anschließend lobte er die Toilette für die Messemitarbeiter, die ja nicht auf seinen Besuch vorbereitet, aber trotzdem blitzsauber war.

Die Abneigung des Kanzlers erstreckt sich gegenwärtig auch auf den Wunsch der Strauß-Partei nach einem dritten Regierungssprecher. Er liegt auf dem Tisch im Kanzleramt, ohne daß Kohl bislang dieser Sache große Aufmerksamkeit geschenkt hätte.

Er gehe davon aus, sagte Kohl, daß die Angelegenheit in einer Wiese in Ordnung gebracht werde, die Mißverständnisse ausschließe.

Geißler zufolge ist daran gedacht, das Vermummungsverbot künftig nicht mehr als Ordnungswidrigkeit, sondern als Straftat zu bewerten.

Um den Haushalt auszugleichen, beschloß die Bundesregierung neue Spaßmaßnahmen.

Der Finanzausschuß war sich einig, daß seit dem 1. Januar verstorbene Bürger keine Feuerschutzabgabe mehr zu zahlen brauchen.

Die Europäische Kommission begrüßte die Entscheidung der britischen und französischen Regierung über den Bau eines Ärmelkanals.

SPD und CDU gerieten sich mehrmals unter der Gürtellinie in die Haare.

In der SPD-Fraktion soll jeder vierte Mann eine Frau sein.

Kondome sind eine Vermummung. Und wir von der FDP sind gegen ein Vermummungsverbot.

FDP fordert Beleuchtung für Frauen.

Jeder Vierte für Prügel: Liberale Denkart setzt sich durch.

CSU-Stadtrat: Heimliche Scheidung. Er will Gauweilers Nachfolger werden.

Auf Unverständnis stößt die Haltung von Großzimmerns FWG gegen den Standort für Roßdorfs neue Kläranlage im Roßdorfer Rathaus.

Oder liegt es einfach daran, daß man sich im Rathaus noch nicht daran gewöhnt hat, daß das Geld nicht mehr mit vollen Händen – in manchen Jahren hatte man gar nicht soviel Hände wie Geld – ausgegeben werden kann?

Die Stadt beabsichtigt den Bau einer »Leichenaufbewahrungskühlvitrine«. Diese Investition gilt als wesentliche Voraussetzung, um dem Stadtteil das begehrte Prädikat ›Staatlich anerkannter Luftkurort‹ zu verleihen.

Die Baukosten für ein Gebäude im Ausmaß von 16 x 24 cm, die er errechnet hatte, erschienen Marktrat R. viel zu hoch. Er plädierte für eine kleinere Halle.

Stadtrat Max Hechinger bei der letzten Bauausschußsitzung: »Wir müssen den Bauwilligen endlich sagen, daß der Stadtrat beschränkt ist.«

In seiner Ansprache lobte das Stadtoberhaupt den Flachverstand und das kollegiale Verhalten des Jubilars.

Der Oberamtsrat soll mindestens 20 Bewerbungen von ausländischen Studenten so manipuliert haben, daß sie einen Platz in einem Numerusclaudius-Fach erhielten.

Es bestand kein Zweifel daran, daß der Stadtteil Melchingen einen Begegnungsraum für die Bürger braucht. Als erster Schritt sind die Toilettenanlagen fertiggestellt worden. Die weitere Ausbauplanung ist jetzt in die Wege zu leiten.

Wir gratulieren, daß dieses Produkt keine unzuverlässigen Pestizide gemäß der Höchstmengenverordnung tierischer Lebensmittel enthält.

Lampen sind technische Ausführungen von Lichtquellen, die zur Lichterzeugung bestimmt sind, also leuchten oder beleuchten sollen.

Bei Durchsicht unserer Unterlagen haben wir festgestellt, daß Ihr Grundstück ... von null Personen ... bewohnt wird. Die Zuteilung von ... null 240-Liter-Müllgefäßen ist also ausreichend.

Das Protokoll der Verhandlung wird, wie folgt, berichtigt: Die Angeklagte ist nicht bei den sieben Zwergen, sondern bei den Siemenswerken beschäftigt.

Ein Reiseunternehmen muß Schadenersatz leisten, wenn der Kapitän einer Charterfluggesellschaft einen Fluggast unterwegs unberechtigt von Bord weist.

Ab einer bestimmten Wassertiefe hat der Soldat selbsttätig mit schwimmartigen Bewegungen zu beginnen.

Es wird mitgeteilt, daß die Postzustellungsurkunde an die Beklagte mit folgendem Vermerk zurückgesandt wurde: »Empfänger verstorben.« Es wird um ladungsfähige Anschrift der Beklagten gebeten.

Wenn man von der Regierung verlangt, daß sie alles offenlegt – sozusagen die Hose runterläßt, was kommt dann zum Vorschein? – Der kleine Krisentag.

Man sollte Beamte ab 3000,- DM einfrieren.

Für Bewerber, welche die Voraussetzungen für eine Berufung ins Beamtenverhältnis nicht erfüllen, ist eine Beschäftigung im Beamtenverhältnis möglich.

Wir erwarten: Zuverlässiges, ungenaues Arbeiten, freundliches und angenehmes Auftreten, gutes Maschinenschreiben, EDV-Kenntnisse jedoch nicht die Voraussetzung.

Das Bundeswirtschaftsministerium hat seine Konjunkturerwartungen nach unten revidiert. Es wird jetzt für das nächste Jahr mit einem Wachstum unter Null gerechnet!

So werden zum Ende dieses traditionell schönen Monats September Touristen aus allen Erdteilen wieder Münchens Fremdenbetten vollmachen, wie es schon der unvergessene Oberbürgermeister Thomas Wimmer freudestrahlend feststellte.

Auch acht Männer wollen Bürgermeisterin werden.

Am Dienstag wurden die rund 70 Mitarbeiter informiert und am Donnerstag zum letztenmal abgefüllt.

Erst Fleischerlehre – jetzt Pfleger in der Schwarzwaldklinik.

Ein Komposthaufen gehört in jedes Haus! Das sagt Energie-Senator Jörg K.

Ein Flugverbot über Gärten und Felder hat die Stadt Wiesbaden gegen Tauben verhängt.

Das Verbot für offenes Feuer, Grillfeuer und brennende Gegenstände gilt auch in einer Entfernung von 100 m vom Waldbrand.

Früher ertranken in der Isar Tausende von Kindern und Tieren. Das ist jetzt vorbei, weil alles verboten ist.

Forchheim. Am Donnerstag (Fronleichnam) ist im Amtsbereich des Postamtes Forchheim in allen Dienstzweigen Sonntagsgottesdienst. Telegramme und Eilbriefe werden zugestellt.

Komplettes Schlafzimmer ohne Bett anzubieten!

Ferienwohnungen und Fremdenzimmer mit Seesicht (nur 1500 km von der Insel Mainau entfernt) zu vermieten.

Alle Hotels haben Bad, WC, Telephon und Farbfernschwimmbad.

Junges Paar (Polizeibeamter mit Hund) sucht dringend Einliegerwohnung.

Unsere Katze ist sterilisiert. Wir nicht! Wer vermietet trotzdem Wohnung an junges Ehepaar?

Eilt! Berufstätige jg. Frau, 35 J., mit berufstätigem Cocker-Spaniel sucht dringend 1 1/2 – 2 1/2 Zi. Whg. Tel. ...

Der Eintritt ist bei Vorlage des Begleiters frei.

Appartement Köln 30, ein Zimmer, Küche, Diele, Bad, 60 m², Einbauküche, Teppichboden, Gabelfernsehen, 745,– DM warm. Montag – Freitag, 10.30 – 16.00. Köln.

Vier-Zimmer-Wohnung, kalt ohne Kinder 1000,- DM, mit Kindern 1100,- DM, 3 Monatsmieten Sicherheit, makelfrei ...

Wohnmäntel mit Druckknöpfen 15,- DM.

Samstagsclub. Gäste: ehemalige und jetzige.

Neu ausstaffiertes Haus möchte neue Gäste so richtig einkochen und verwöhnen.

Anno 1797 erhielten wir vom Rath der Stadt die Erlaubnis Bier zu brauen, Gäste zu beherbergen, zu bewirten, zu beköstigen und zu schlachten.
Der Wirt

Der Bürgerwandertag findet am Donnerstag im Gasthof Rudolph-Bräu statt.

Die Jahreshauptversammlung des Veteranen- und Kriegervereins findet heute, Dienstag, 20 Uhr, im Gmoahof statt. 19 Uhr Abendessen für die verstorbenen Mitglieder.

Flug und 2 Wochen Vollpension in der Hauptsaison, DM 1059,-, Kinderermäßigung auch für das 2. und 32. Kind.

Dettenheim – Rußheim: Einen ›Offenen Abend für junge Leute‹ veranstaltet die evangelische Kirchengemeinde Rußheim morgen um 19.30 Uhr im CVJM-Heim. Bei schlechtem Wetter findet die Veranstaltung, bei der auch ein Lagerfeuer geplant ist, im Gemeindehaus statt.

Höhepunkt des Abends sind die singenden, musizierenden und johlenden Geschwister Schmidt.

Kultur am frühen Abend: »Jauchzet – Frohlecket«. Eine musikalische Weihnachtsfeier im Theater.

Weißweine in Literflaschen bestens zum Essen geeignet.

Rinderhufsteaks zum Grillen und Kurzbraten.

Fleischspieße oder Wammerlspiele warten auf Sie.

Schlachtfrische Krapfen, 1 kg 4,78 DM.

Eierkochautomat »TD 24«, stufenlos regelbarer Bräunungsgrad, mit Brötchen-Aufsatz.

Außerdem gibt es Eier vom Faß.

Doppel-Schlafzimmer (Farbe: beige) einschl. Sprungbrett und Matratzen preisgünstig abzugeben.

Mann, 40, habe Ärger mit 2 Frauen, suche dritte, die mir Rechtsanwalt zahlt.

Verkaufe günstig Fernseh-Brautkleid Gr. 36, mit Reifrock und Schleier.

Haben Sie Probleme mit Gerüchten jeder Art? Brauchen Sie frische Luft 24 Stunden lang preiswert und umweltfreundlich? Bio-Service hilft Geld sparen.

Praktischer Arzt sucht schnelle – diskrete Promotionsarbeit. Gute Dotierung.

Wollen Sie Ihre mittlere Reife oder Ihr Abitur nachmachen? Aufgenommen werden Bewerber im Alter von 19 bis 45 Jahren, die berufstätig sind. Erwerbslose und Frauen sind Berufstätigen gleichgestellt.

Moderstudio am Kornmarkt eröffnet.

Für unser neues Betriebsgebäude, Abteilung Verstand, suchen wir Frauen ...

Stricke zum Aufhängen liefert Seilermeister Huber. Viele Dankschreiben.

Friseuse nach Lenggries gesucht. Wir haben zu bieten: eine leitende Stelle – guten Sohn – nette Kollegen.

Wer hat Lust und Liebe, den Beruf eines Friseurs in der Fachklinik Rhein-Ruhr zu verlernen?

Bei diesen Preisen macht Baden wieder Spaß! WC-Spülkasten, weiß 39,90 DM.

Toupets zu vermieten.

Unser Haartonikum tönt Ihre Haare blond, braun oder schwarz. Nach der Behandlung fallen die Haare besonders schön aus!

Suche Arbeit bei alten Leuten oder als Pferdepflegerin.

Natürlich Düngen! Kleinbauer liefert Pferde- und Kindermist abgepackt.

Welcher Gastronomie- oder Feinkostbetrieb sucht Forellenlieferant, geschlachtet oder lebend?

Junger Esel aus Altersgründen zu verschenken.

Keine Angst vor dem Hund, aber fürchten Sie den Besitzer!

... möchte das Kaufhaus am kommenden Freitag in seinem Café-Restaurant den Hunden zeigen, was in der kommenden Saison getragen wird.

Ablesegerät-Bildschirm für Mikrofische und Filme, gebr. preiswert. Tel. ...

Haltet New York City sauber. Verzehrt jeden Tag eine Straßentaube!

Hochträchtige Bullen zu verkaufen.

Gute Tips gegen Insekten am Telefon.

Entlaufener treuloser Dackel namens Karl gesucht. Hält sich im Raum Stuttgart auf. Bitte um sof. Meldung, Mühlh.-Kaerlich, sonst kannst Du Dir Deine Hundehütte woanders bauen.

Achtung Pferde! Habe gutes Heu für euch. Ruft mich an!

Dalmatinerhündin entlaufen. Monokel am linken Auge.

Langhaardackel abzugeben mit Papieren und Gitarre für 70,- DM.

Zahmes Schwein, kultiviert, nur in gute Hände, nicht an Feinschmecker.

Graupapagei entflogen, hört auf Coco, besondere Merkmale: Roter Schwanz, frißt nur Schweinebraten und Käse, trinkt gerne Kaffee.

Verkaufe kanadische Höckergänse als Zier, Rasenmäher und Wachhund, geschlüpft am 26.6.86.

Bei den jetzt eintreffenden Saatkrähen-Schwärmen handelt es sich um Wintergänse.

Stahlhasen zu verkaufen. Tel. ...

Tiefgekühlte Kaninchen bekommen Sie zur Zeit sehr oft zu Sonderpreisen: 500 g etwa 5,25 Mark (sonst etwa 3,40 DM).

Verkaufe Nymphensittich mit Käfig und Brautschleier, Gr. 40.

Blaßblauer Papagei (2 Fremdsprachen) entflogen.

Hund entlaufen, an dem das Herz unserer Tochter hängt.

Täglich ab 15 Uhr warmer Rächerfisch.

»Rein Rind«, Fischwurstaufschnitt, 100 g nur 1,59 DM.

Heute eingeflogen: frische Hummer.

Heute Fondue, morgen selbstgebackene Berliner, übermorgen Pommes frites – und alles im selben Bett.

Kanarien – Wellensittich – Exoten – Papageien – Großsittich und andere Kaninchen – Meerschweinchen, auch in 25-kg-Säcken.

Warne jeden, über meinen Hund falsche Gerüchte zu verbreiten. Andernfalls gehe ich gerichtlich vor!

Fangfrische Bodensee-Tomaten, küchenfertig ausgenommen auch zum Grillen, 1 kg nur 9,99 DM.

Wildspezialitäten, auch frisch aus der heimlichen Jagd!

Wenn Sie Ferkel brauchen, rufen Sie an, ich komme gern vorbei.

Brathändchen nur auf Bestellung!

Füttere Ihre Blumen und gieße Ihre Katze!

Verläßliche, unverständliche Informationen aus erster Hand sind das beste Mittel gegen Unsicherheit und Hilflosigkeit.

... Uhr Beichtgelegenheit, 19 Uhr Vorabendmesse, 19.45 Uhr Bußgeldprozession.

Auf uns 22 Damen (Kränzchen-Jahresausflug) kam ein einziger Reiseleiter. Eine Zumutung, die weit hinter unseren Erwartungen zurückblieb, so daß wir uns in unserer Not an die Redaktion wandten und das Reisebüro jetzt die Folgen tragen mußte.

Wir sind ein netter Kegelclub und suchen Gleichgesindel.

22.10 Uhr: Peter Schreier singt Nachrichten zum Programm-Schluß.

Die Ortsbewohner werden gebeten, die Kinder und das Papier gut gebündelt an den Straßenrand zu legen.

Das Franziskanerinnen-Kloster in Mindelheim (Landkreis Unterallgäu) geht auf der Nachwuchssuche neue Wege: Für junge Mädchen, die erwägen, in den Orden einzutreten, bietet das Kloster ein ›Schnupper-Wochenende‹ an.

Suche aus Weltkriegsbeständen gut erhaltene, funktionsbereite 8,8 cm Flak mit Munition und erforderlichem Zubehör, um der Lärmbelästigung im Luftraum über Montabaur begegnen zu können.

Französ. Bett, Hochschulabschluß, erteilt Nachhilfe.

Alles zum Schulanfang vorrätig – Sonderangebot – Zigarettenhülsen 100 Stück 1,75 DM.

Grabstein, neu, wegen Nichtbelegung des Grabes günstig abzugeben.

Erster Preis: Großer ›Gesundheits-Check-up‹ für 2 Personen einschließlich Anreise und Aufenthalt. Sich 3 Tage lang von Kopf bis Fuß durchsuchen lassen!

Übergewicht bis 10 Pfd. pro Woche ohne Hunger – Tagessatz 120–155,– DM. Bitte Prospekt anfordern!

In 10 Wochen vom Nichtrauchen befreit!

Am Montag ist Mütterberatung und Impfung der Säugetiere.

Wir kaufen und zahlen bar: Zahngold (Zähne entfernen wir selbst). Fachgeschäft für Pokale und Edelmetalle.

Sitzgarnitur (Teekanne, Milchkännchen, Zuckerschale). Zuschriften unter . . .

Zu verkaufen: Mehrere schöne, unhygienische Roßhaarmatratzen.

Toilettenpapier 8 x 250 Blatt, 2,99 DM für Ihren Herbstputz.

Echt Orientware handgeknüpft mit Echtheis-Zertifikat.

10mal eine Keinbild-Kamera zu gewinnen!

Oma mit Taed-System, 4,5 kg, 12,99 DM.

Suche gebr. Elektro-Mähmaschine mit Freiarm und Zick-Zack.

Geschirrspülmaschine – UKW u. Mittelwelle, 40 Watt Ausgangsleistung, Europa-Spitzenleistung, 4 Programme, Fassungsvermögen 12 Maßgedecke, 3 Sprühebenen, vollautom. Wasserenthärtungsanlage, Innenraum Edelstahl, rostfrei, unterbaufähig.

1 Yamaha-Orgel, 55 PS zu verkaufen mit Tisch, Adapter, Tasche, 16 Rhythmen mit 32 verschiedenen Instrumenten, 8 Monate Garantie, 1500,– DM. Tel. ...

Dauer-Einmachhosen, 0,5 kg, 5er Pack, 14,95 DM.

Wer näht Rasen mit Sense?

Schneide Sträucher und elektr. Hecken.

Alle Gemeindebürger können zur Verrottung gebracht und in Humus umgewandelt werden.

Auch Ihre Badewanne kann nach dem bewährten »Wanne-in-Wanne-System« von A und S im neuen Glanz erscheinen. Ohne Fliesenschaden – 5 Jahre Einbauzeit – Garantie ca. 3 Stunden.

Spanische Clementinen, 10 % Fettgehalt, 1 kg-Netz zu 1,99 DM.

Braut, Gr. 40, mit Schleier, zu verkaufen. Tel. ...

Brautkleid mit Schlepper, Gr. 40/42, Preis VB. Tel. ...

Suche guterhaltene billige Dunstabzugshaube für Küche und französisches Bett.

Bodenstaubsauger ›S 3360‹ 67-cm-Großbild, Infrarot-Fernbedienung, elektronische Saugkraftregulierung, 900 Watt Leistungsaufnahme, Staubbeutelfüllanzeige, automat. Kabelaufwicklung, Chrom-Verlängerungsrohre, Saugdüsen im Zubehörfach. Contour-Düse.

Dr. Oetker Schlaf-fit 2er-Packung, 1,98 DM.

Tausche Helga gegen Carmen (gegen Wertausgleich).

Wir reinigen Sie! Rufen Sie uns an: Montag – Freitag, 18–19 Uhr.

Kaufe renovierungsbed. Hausfrau mit Möglichkeit zur Kleintierhaltung, bis max. 100 000,– DM. Tel. ...

Nach dem Einkaufen ist die Tiefkühltruhe, möglichst auf direktem Wege, am besten in Zeitungspapier oder in isolierender Kühltasche verpackt, nach Hause zu bringen.

Edle und teure Materialien wie Kalbsleber werden bevorzugt, auch Lackleder spielt eine Rolle.

Garten-Teiche mit Beschädigungen und auslaufende Modelle bis zu 30 % reduziert.

Sinkende Umsätze? Depressionen?

Sinkende Umsätze? Depressionen? Nicht verzweifeln! 100 % unserer Kunden zogen Beratung einem Selbstmord und Konkurs vor. Wir rüsten Sie moralisch auf.

Hausverwaltung ist Vertrauenssache und setzt Können voraus.

Wir beraten, planen, verkaufen und montieren Hausbesitzer und Ärzte.

Suchen Sie die Freiheit, die von äußeren Zwängen unabhängig macht und Sie gleichzeitig bewußter leben läßt? Wenn ja, biete ich Ihnen gerne meine Hilde an unter der Nr. ...

Als er jetzt sein 25jähriges Geschäftsjubiläum feierte, konnte er seine erste Kundin begrüßen.

In der Urkunde wurde besonders sein kundenfeindliches Verhalten und der Teamgeist herausgestellt ...

In der bundesweit laufenden Tarifrunde werden die Arbeitgeber des öffentlichen Dienstags am Freitag in Stuttgart das erste Lohnsignal in der diesjährigen Verhandlungsrunde setzen ...

Als Ersatz für das geschlossene Postamt 708 sollen zwei Telefonzellen sowie ein großer Briefkasten mit zwei großen Musikautomaten dienen.

Allerdings klagte etwa ein Siebtel der betroffenen Betriebe über mangelndes Interesse der Mitarbeiter an Weiberbildung.

Der Fleischtresen im Supermarkt war leer bis auf eine einzelne Dame.

Er muß größte Rücksicht auf seine Gesundheit nehmen und will deshalb Bundestagsabgeordneter bleiben.

Spezialgeschäft für historische Instrumente: Blockflöten, Harfen, Krummhörner, Cornamusen, Gemshörner, Drehleitern usw.

Die Kirche stellt jetzt ein – geringe Bezahlung – großartige Zukunft.

Das Buch ist so heiß, daß die Sekretärin, die es abschreibt, feuerfestes Papier verwenden muß.

Zwei kräftige Sänftenträger (auch Nichtakademiker) – bei guter Entlohnung gesucht. Ang. unter ...

Praxis bis 15. Dezember geschlossen. Vertretung: die umliegenden Kollegen.

Vereist: Dr. Hauzel-Leppek, Zahnärztin.

Wir gewähren Preise für regelmäßig wiederkehrende Firmen oder individuelle Gäste, die sich jährlich zum Kauf von mind. 60 Zimmermädchen in einem Hotel verpflichten.

Campingplatz-Erweiterung nur unter der Auflage, daß er erheblich verkleinert wird.

Dem unter Alkoholeinfluß stehenden Arbeitslosen mußte eine Mutprobe entnommen werden.

W. arbeitet auch mit einem modernden Computer vom Typ 720 KB – man sieht, die Existenzgründung verläuft erfolgreich.

Sturmschäden führt noch aus Hans Müller, Dachdeckermeister.

Fertig genähte Fenster bis zu 50% billiger.

Schuhe aus Italien laufen im Ausland langsamer.

Nach meiner Kanzleieierlegung erlaube ich mir, folgende Sprechzeiten bekanntzugeben.

Bekleidungsverkauf; Personalverkauf, morgen ab ...

Wir vergrößern Meerschweinchen, alle Farben, Stück 7,– DM.

Verbraucher gehen bewußter an die Wäsche.

Die feierliche Übergabe von 13 Gerätewagen an das THW mit Prominenz und Leberknödeln wäre beinahe ins Wasser gefallen.

Der Ordensträger war nach den Wirten des Zweiten Weltkriegs maßgeblich am systematischen Aufbau der Handwerksorganisationen auf Innungs- und Kreishandwerkerschaft beteiligt.

Dazwischen soll es Länder geben, in denen die Verkäufer etlicher Produkte schon zu achtzig Prozent aus Fälschungen bestehen.

Flohmarkt, Samstag, 30. 2. 85, bei Wilson, 6700 Ludwigshafen.

Morgen, Donnerstag, führt der Frauenbund um 14 Uhr einen Kochkurs in der Kirche der Hauptschule durch.

Pensionisten und Rentnerhunde. Monatsversammlung heute um 15 Uhr im Gasthof ›Weißes Lamm‹.

Zwei Frauen und ein Jugendlicher legten 1986 erstmals die Schutzhundprüfung ab.

... daß in möglichst vielen Gaststätten wenigstens ein alkoholfreies Getränk billiger angeboten wird als das preiswerteste altkatholische der gleichen Menge.

Die Renovierung der Brücke zog sich durch das komplizierte Hebeverfahren und den parallel laufenden Bundesbahnbetrieb ein halbes Jahr länger hin als geplant. Aber ein Neubau wäre nicht nur teurer gewesen, er hätte auch mehr gekostet!

Bäckergeselle sucht Arbeit, auch als Verkäuferin.

Frührentner, 3 J., sucht Beschäftigung, auch als Aushilfe.

Suche Ganztagsstelle als Knopflochnäherin od. Herr ausschneiden von Maß- u. Einzelteilen.

Bauchzeichnerin, 21 Jahre, Hochbau, sucht Stelle in einem Architekturbüro.

Junge aufgeschlossene Frau, 35, sucht neuen interessanten Wirkungskreis. Gute Umfangsformen!

Jg. Frau, 25, sucht Putzstelle. Bin pünktlich, sauber und ehrlich (vormittags).

Wir suchen in Sauerstellung ab sofort: Rohrschlosser und Maschinenschlosser für Nah- und Fernmontage.

Haushaltshilfe 4–5 Std. tägl. (ohne Knochen) gesucht.

Verkaufe Putzfrau, 1–2 mal wöchentlich, je 2–3 Stunden.

Steuergehilfin oder windige Finanzbuchhalterin gesucht.

Ansteher gesucht für regelmäßige Beschaffung von Opernkarten in München. Gute Bezahlung ...

Wir suchen jungen Mann, der in unserer Frauen-WG in Altona 3 x wöchentlich sauber macht und ein leckeres Essen kocht. Nur keine Scheu! Tel. ...

Erste Gehversuche mit dem Taktstock

Sonnabend veröffentlichten wir eine Leser-Kritik zu einem Film, der gar nicht gesendet wurde. Wir bitten die Leser um Verzeihung.

Im Nationaltheater findet ein Billardabend statt, im Deutschen Theater wird die Operette ›Schwarzwaldmädel‹ aufgeführt. Nach Anmeldeschluß werden die übrigen Eintrittskarten an Nichtmitglieder verkauft.

Chor und große Bläserbesetzung sowie Joseph Haydns (Autorschaft fraglich) Konzert für zwei Hörer und Orchester in Es-Dur.

An erster Stelle hatte der Dirigent ›God shave the Queen‹ gesetzt.

Im Rahmen der Unnaer Abendmusiken 1985 findet am 17. August ein Mottenabend in der Stadtkirche (20 Uhr) statt.

Noch kein Ersatz für Benzin: Alternativen sind erst bei einem Literaturpreis von zwei Mark interessant.

Gibt es denn nicht einen einzigen deutschen Künstler, tot oder lebendig, den wir im Kanzler-Bungalow aufhängen können?

Beim Besuch der neuen Staatsgalerie zeigte von Weizsäcker besonderes Interesse an Imperialisten.

Heute, auf den Tag 40 Jahre später, lächelt der Musiker bescheiden, wenn er an seine ersten Gehversuche mit dem Taktstock zurückdenkt.

Des weiteren geht das Orchester mit dem Publikum auf eine Spanien-Tournee.

Am Geflügel begleitet Gerd Fleig, der auch einführende Worte zu den Liedvorträgen spricht.

Vor vierhundert Jahren wurde Maria Stuart hingerichtet. Von Hans Lehmann.

Bayerns Märchenkönig Ludwig II., der vor 100 Jahren im Starnberger See ertrank, wollte nach seinem Tod die Schlösser Neuschwanstein und Herrenchiemsee in die Luft sprengen.

Michelangelo Antonioni, italienischer Filmregisseur, hat seine langjährige Freundin Enrica Fico geheiratet. Frau Antonioni teilte in Rom mit, daß die kirchliche Trauerfeier im kleinsten Kreis stattgefunden hat.

Liz Taylor: Schon 800 Pfund abgenommen.

Curd Jürgens zahlte zähneknirschend sein Gebiß.

Unvergeßlich auch, wie Fischer-Dieskau mit dem Goldglanz seiner Stimme das ›Abendbrot‹ auskostete ...

Anschließend wird Karajan in Wien, Salzburg, Paris, London und in anderen Städten Portugals gastieren.

Die Kings' Singers singen Lieder der Renaissance. Leider von Edvard Grieg u. a.

Heinos first Single: ›Jenseits des Tales‹, ›Kein schöner Land‹ und ›Der Mund ist aufgegangen‹.

Zu den zahnlosen Hörerinnen, die sich sein Lied ›Fliege mit mir in die Heimat‹ ...

Papst Johannes Paul II. hat mehr als drei Stunden lang ohne Dolmetscher mit Staatspräsident Jaruzelski gesprochen.

Nancy Reagan ließ noch nie eine Gesichtslüftung machen.

Ihr Rock rutschte übers Knie – Charles bedeckte das freie Stück Bein seiner Frau mit der Gottesdienstordnung.

Peter Gauweiler muß zeugen. Der Rest des zähen Verfahrens soll schriftlich abgewickelt werden.

20.15 Uhr: Expeditionen ins Tierreich. Heinz Sielmann zeugt Skorpione und andere Heimlichtuer.

In einer Schauvitrine wurde die Entwicklung vom Menschen zum Tier in anschaulicher Form dargestellt.

Das Südfunk-Fernsehen feiert heute seinen 25. Geburtstag. Deswegen schenkt es seinen Zuschauern einen freien Abend.

›Der große Preis‹, ein heiteres Spiel für gescheiterte Leute mit Wim Thoelke.

Heute abend im Zweiten: C. M. Weber: ›Der Freizeitschütz‹.

Wir verstehen nicht, warum sich das deutsche Fernsehen immer für Störungen entschuldigt, niemals aber für das Programm!

TV-Sex-Serie: ZDF zieht den Schwanz ein.

Im Dienst der Gemeinheit

»Sie stellen sich uneigennützig in den Dienst der Gemeinheit«, dankte der Bezirksvorsteher den freiwilligen Feuerwehren.

Nahezu 100 Wehrmänner aus Lichtenfels und von den Werksfeuerwehren der Firmen beteiligten sich mit 13 Feuerzeugen an dieser großen Einsatzübung.

Allein am Samstag rückte die Feuerwehr 100 mal aus, um Eiszapfen und undichte Dächer zu reparieren. ...

Wahrscheinlich durch Löscharbeiten verursacht, brach im Heim Feuer aus.

Die Rastatter Feuerwehr löschte den Brand. Deshalb dürfte der Schaden sehr groß sein.

Fünfzehn Minuten nach der Alarmauslösung traf die Madrider Feuerwehr am Brandherd ein. Vorbei an Hotelgästen, zum Teil nur mit einer Unterhose bekleidet, die Brieftasche in der Hand, kämpfte sie sich in den siebten Stock vor.

Die Bundeswehr hat die Freizeit der Deutschen zu verteidigen.

Die westdeutschen Militärs wollen das Abschreckungspotential stärken – mit mehr Reservisten und Frauen in Uniform.

Aus dem Polizeibericht

Polizei ist sauer: Wieder mußte sie Bullen erschießen.

Jeder fünfte Ausländer ist entweder Student oder Ausländer.

... waren mit Pudelmützen getarnt, die nur Schlitze für die Augen hatten. Dies führte kurz darauf zur Festnahme von zwei schlitzäugigen Ostasiaten.

1,6 kg Heroin entdeckten die Zollbeamten im doppelten Boden eines 27-jährigen Chinesen.

Einer (18) stieß gegen einen Polizisten und brach sich den Oberschenkel.

Auslöser des Feuers war ein Elektroofen gewesen. Eine junge Wanderin hatte sich darin aufwärmen wollen.

Die Mieter – ein Ehepaar – hatten sich bei Löschversuchen eine Rauschvergiftung zugezogen. Sie versorgten Rettungssanitäter der Feuerwehr und brachten sie dann vorsorglich in ein Krankenhaus.

Der Kleine muß dann später wach geworden sein, aus dem Fenster geguckt und dabei das Übergewicht verloren haben.

Polizeistreife in die Arme gelaufen – Junge geriet in falsche Hände.

Durch einen Lichtstrahl drangen die Täter in den Kassenraum ein.

Schließlich überwältigten sie noch fünf Mitarbeiter, die um 15 Uhr einen morgendlichen Kontrollgang machten.

Während der Filialleiter die Schweine in die Tasche packte, löste er die Alarmanlage und die automatische Kamera aus.

Erst Blumen, dann Freundin gewürgt.

Sie war mit mehreren Messerstichen in den Rücken getötet worden. Die Polizei geht davon aus, daß sie ermordet wurde.

Beide Täter machten einen verwahrlosten Eindruck, hatten aber keinen Bart.

... einer ist schlank und hat blondes, lockiges Haar. Der andere ist dicklich und untersetzt und hat einen Kopf. Beide trugen dunkle Bekleidung.

Einer der 18jährigen hatte Verletzungen am Handrücken und an der Hose.

Die Polizei war in methodistischer Detektivarbeit dem Mörder auf die Spur gekommen.

Zu den in Hamburg entdeckten Leichen und Leichenteilen sendet dpa noch eine Zusammenfassung.

Es gelang der Polizei, die Bande so geschickt zu verhaften, daß niemand etwas davon merkte.

Raubüberfälle gehören vermehrt zum täglichen Dienst der Polizei.

Acht von sechs Überfällen 1985 aufgeklärt.

Schutzpolizei den Ganoven auf den Versen.

Das Grillen der Polizeipensionäre findet statt ab 15.30 Uhr.

Er geht in den Ruhestand. Nachfolger des nach fast 40jähriger Laufbahn in Halle geborenen Beamten wird Polizeidirektor Hans S.

Diebe plünderten leeres Haus.

Die Landespolizeiinspektion bittet die Täter um sachdienliche Hinweise.

Der Fund von zwei Heilbronner Bürgern im Sperrmüll einer Arztpraxis löste den Einsatz von Feuerwehr und Polizei aus.

Das Ausmaß dieses illegalen Treibens wird durch die Tatsache verdeutlicht, daß allein in Frankreich jährlich 25 000 Wagen abhanden kommen, von denen 50 000 nicht wieder aufgefunden werden.

Nach seiner Festnahme wurde eine Bewährungsstrafe gegen den 19jährigen wegen Verstoßes gegen das Bestäubungsmittelgesetz widerrufen.

Kuh überfahren ist teuer – Fußgänger kostenlos.

Das rechte Vorderrad rollte dabei über den Fuß eines Passanten, der sich dadurch Handverletzungen zuzog.

Der Unfallverursacher ließ sich noch eine Platzwunde am Kopf verursachen und machte sich aus dem Staub.

Es gelang ihm, eine Notrufsäule zu alarmieren.

Ein Fotograf wurde sogar von einem Affen gebissen – und prompt von der Polizei erschossen.

Die sofort alarmierte Polizei konnte den Mann, der sich in zwölf Metern Höhe befand, nicht herunterholen und verständigte die Polizei.

In der Haft alle Zähne verloren – für Gebiß rückfällig geworden.

Die Bewerberinnen müssen bis spätestens Anfang Juli bei der Hessischen Polizei vorliegen.

Hund beleidigt – Frau biß Kind.

Wenn das Opfer bis zur Bewußtlosigkeit geschlagen wurde und unverzüglicher Hilfe bedarf oder halb tot, nackt und an einen Baum gefesselt gefunden wird, kann man davon ausgehen, daß eine Straftat begangen wurde.

Die Polizeibeamten waren durch spitze Schreie auf eine Schreckenstat gefaßt, mußten jedoch das Gegenteil erkennen.

Auf der Maximiliansbrücke stand eine nackte Frau, die sich dauernd auszog.

Man fand im Slip der Zigeunerin eine gestohlene Schleifmaschine.

Die schwarzhaarige Blondine war sparsam bekleidet.

Vorsicht, freilaufende Hunde! Wenn Hunde kommen, hinlegen und auf Hilfe warten. Wenn keine Hilfe kommt, viel Glück!

Der Halter des Hundes, vermutlich ein Riesenschnauzer, sowie Zeugen werden gebeten, sich bei der Polizei in Wesel zu melden.

Nach Angaben des Rettungsdienstes hatte der Mann beim Holzsägen bis auf den Zeigefinger der rechten Hand alle Gliedmaßen verloren.

Halbes Kind überfiel zweimal dieselbe Bank.

Ein Täter blieb mit gezuckerter Pistole in der Nähe der Tür, der andere ging ohne Verzug zum mitten in der Halle befindlichen Hauptschalter ...

Obwohl sie sämtliche Bäume durchsuchten, fanden sie kein brauchbares Diebesgut.

Aus dem Gebäude wurden Schmuck und Bargeld im Gesamtwert von etwa 8000 Mark gestohlen. Der Schaden betrug etwa 4000 Mark.

Ein unbekannter Täter brach in der Nacht in ein Gartenhaus ein. Im Haus trank er eine Flasche Bier, vermutlich hat er auch darin übernachtet.

Der Täter schnitt vermutlich mit einem Taschenmesser große Rinderstücke aus den armdicken Bäumen.

Das Gebäude brannte bis auf den Dachstuhl nieder.

Das Feuer wurde in der Nacht zum Sonntag gelegt, beichtete gestern die Kasseler Polizei.

In vielen Fällen wird ein Brand mittels komplizierter, selbstgebastelter Apparaturen ausgelöst, etwa mit einer Kerze.

In der vergangenen Woche wurden von der Kriminalpolizei in Neumünster innerhalb von zwei Tagen 60 Autos aufgebrochen.

Ein Rehbock hatte sich am Donnerstagmorgen in das Parkhaus West an der Regensburger Straße verirrt. Als er zwei Polizeibeamte sah, fiel er um und verendete.

Mit Farbe beschmiert und beschädigt wurden zwei Personen, die in der Deilbachstraße abgestellt waren.

Da die Wohnungstür keinerlei Anzeichen von Gewaltanwendung zeigte, geht man davon aus, daß die Mörder von ihren späteren Tätern hereingelassen wurden.

20 Jahre nach seiner Scheidung ist ein Franzose aus Kanada in seine Heimat, nach Tarbes, zurückgekehrt, um seine ehemalige Frau und ihren Mann zu erstechen. Anschließend verübte er Selbstmord. Er konnte aber gerettet werden.

Der völlig nackte Mann konnte sich nicht ausweisen.

Er war erheblich vorbestraft und außerdem verheiratet.

Während seine Frau noch im Bett lag, habe er versucht, ihren Wortschwall mit der Hand zu stoppen.

Er gab ihr einen Schlag auf den Kopf und wandte sich dann anderen Hausmeisteraufgaben zu.

Die Gladbecker Polizei ermahnt noch einmal alle Autofahrer, sich in diesen Tagen unter Alkoholeinfluß ans Steuer zu setzen.

Der Täter ist etwa 170 cm groß, 35 Jahre alt und hatte eine Glatze mit Vollbart.

Polizei will mit Brillantring erschossenen Mann identifizieren.

Der frühere Manager ist in seiner Wohnung bei Zürich erdrosselt gefunden worden. Nach Angaben der Kantonspolizei war der Tote an den Händen gefesselt. Ob ein Verbrechen vorliegt, konnte die Polizei noch nicht endgültig beurteilen.

Meuterei im Gefängnis der südfranzösischen Stadt Montpellier: Wegen Überfüllung revoltierten die 237 Häftlinge der für 70 Insassen gebauten Haftanstalt und verwüsteten 60.

Am Samstag schlugen ein 16- und 17jähriger Jugendlicher die Eingangstür einer Gaststätte ein. Leider wurden sie dabei von Polizeibeamten beobachtet, die sie festnahmen.

Die Heime, in denen er war, kann man nicht an den zehn Fingern einer Hand abzählen.

Der junge Mann trug eine Hose, die aus Diebstählen in verschiedenen Geschäften stammte.

Wie das Amt gestern in Wiesbaden erklärte, stammt das Falschgeld möglicherweise aus einer Fälscherwerkstatt.

Lernen Sie schießen und
treffen Sie neue Freunde!

      Wunsch des Toten: Die ›Dakar‹ wird zu Ende gefahren.

      In einem Sechs-Stunden-Programm kamen die Sportler mit ihren Ehefrauen ohne Unterbrechung von einem Höhepunkt zum anderen.

      Die Witterung soll den Sportlern heute abend keine Rechnung durch den Strich machen.

      Sonst finden wir unsere Piste auch zerstört vor wie die Mädchen.

      Wie Pilze sind in den vergangenen Jahren Loipen aus den verschneiten Winterwäldern geschossen.

      Hermann Weinbuch gewann dank der besten Langlauf-Leistung seiner Karriere den Schwarzwald-Pokal in der Nordirischen Kombination.

Bergwandern: Zehn goldene Regeln. Tip 3: Arme Kleidung mitbringen.

Trainingspause nach Jagdunfall: Radfahrer Lemond als Hase.

Schwimmeister trank Badewasser – tot!

Am 17. Mai war er von Zypern ganz weit ins Meer hinaus geschwommen ... Drei Wochen später, nach seiner Rückkehr, wurde Werner Bochmann nun würdig gefeiert.

Klasse fand ich, daß die Zuschauer auch die unbekannten Läufer mit ihrem Namen angefeuert haben.

Bereits in der ersten Woche mußte dieses Wimbledonturnier täglich durch Regenfälle unterbrochen werden.

Becker war extra angereist, um dem Sangesbruder für 60jährige Sängertätigkeit die entsprechende Nudel des Deutschen Sängerbundes zu überreichen.

Grünes Licht erhielt der Vorstand des Germeringer Tennisclubs. Geplant sind zusätzliche Toiletten, Dusch- und Umkleideräume sowie eine größere Kirche.

Die 2. Halbzeit verlief dann nicht so kampfbetont. Birte Ismer im Möllner Tor zeichnete sich immer wieder durch glänzende Parolen aus (sie hielt sechs von neun Siebenmetern).

Linienrichter Möller, erst zum zweitenmal in einem Bundesligaspiel eingesetzt, sagte: »Der Duisburger Spieler hat den Ball mit dem Kopf über die Toilette gelenkt.«

Kein Schiedsrichter muß es sich bieten lassen, »Schwarze Sau« genannt zu werden. Hier ist Rot allemal richtig.

Ich beobachte, wie er in der Sonne läuft. Die Stutzen runter, die Lungen zu Fäusten geballt. Er läuft in kurzen, zackigen Bögen, Schweiß auf der Stirn. Salziger Schweiß!

Uwe Montelett, Mittelfeldredakteur des 1. FC Bocholt, wurde bei einer Zuschauerumfrage ...

Er blieb einige Minuten liegen. Nach 16 Sekunden konnte er weiterspielen.

Mathy: »Zwei Tage lang habe ich mich nur von Kamillentee ernährt. Außerdem mußte ich Zäpfchen schlucken, um einlaufen zu können.«

Am günstigsten ist es, wenn der Spieler weiterverkauft wird. Die Suppe, die er mehr kostet, geht zur Hälfte in den Fußballspielerbeteiligungsfonds.

Ein Kölner stand schon um fünf Uhr früh an der Kasse Schlange.

Dem Kassier wurde für fehlerhafte Kassenführung gedankt und Entlastung erteilt.

Die besten Fußballerinnen sind – die Damen.

Einziger Glanzpunkt vor 300 Zuschauern war ein Pfostenschuß von Debus. Dieser landete jedoch am Pfosten.

Forchheim gewann das Nachbarduell gegen ASV Herzogenaurach: Kurt Finze erschoß nach der Pause die Gäste.

Das 1:0 aus der 50. Minute glichen die gut gefallenen Olchinger zehn Minuten nach dem Ende der fairen Partie aus.

Wir haben natürlich keine Chance, doch die werden wir nutzen, freut sich Trainer Helmut Eckelmann.

5:2-Erfolg des VfL Bochum im Freitag-Spiel der Fußball-Bundesliga gegen Karlsruher SC. KSC-Trainer Werner Olk war das Handtuch.

Nach der Blamage steckten Trainer Heinz Höher und Manager Udo Klug die Köpfe zusammen und berieten, ob sie ihre arg verprügelte Mannschaft rösten sollten.

Zähne zur Zufriedenheit ausgefallen

Jeder Zweite stirbt in einem Krankenhaus. Mit diesem statistischen Hinweis auf den Leistungsstandard eröffnete Prof. Müller die Messe ...

Mehr als 99 von 100 Kindern kommen in der Bundesrepublik in einer Klinik zur Welt.

Das Bettensterben in den 257 deutschen Hallenbädern und Kurorten geht weiter.

Um 2000 Kalorien pro Woche zu verbrennen, müssen rund 5000 Treppenstufen jeweils in einer halben Sekunde erklommen werden.

Fasten hält jung, Fasten gibt Schwung. Fasten ist in. Nicht nur von den sichtbar schwingenden Pfunden schwärmen die, die es erfolgreich absolviert haben, auch von dem neuen Lebensgefühl.

Wie wird die Student-Leiche-Beziehung zur Arzt-Patient-Beziehung?

An einem Gebiß hatte das Fundamt lange zu knabbern.

Unter Füße sind die unteren Teile der Beine zu verstehen.

Gegen Reisekrankheiten ist keiner gefeit – Vorsorge ist möglich. – Es gibt Arzneimittel, die die Symptome mildern oder beseitigen, vorausgesetzt sie werden rechtzeitig vor Antritt der Reise eingenommen. Es können Nebenwirkungen auftreten, wie Müdigkeit und vermindertes Reaktionsvermögen. Daher ist Autofahrern zu raten, sich nach Einnahmen derartiger Mittel nicht mehr ans Steuer zu setzen.

Diese teilweise schon uralten Besucher – einige stammen immerhin aus längst vergangenen Jahrhunderten – bringen den besten Beweis für den Erfolg der Kneippkuren.

Durch den Aderlaß wird der Kreislauf entlastet: »Der Körper ersetzt den halben Liter Blut, der mir jeweils aus der Armlehne gezapft wird, durch Flüssigkeit.«

Anscheinend handelte es sich um eine Fehlaktivierung eines »Warnmechanismus« innerhalb des vegetarischen Nervensystems.

Ist der Puls im Stehlen mehr als zehn Schläge schneller als im Liegen?

Dann fällt die ganze Kirche ein

Gott ist nicht tot, sondern bloß beim ›Wort zum Sonntag‹ eingeschlafen.

Das Alleluja singen wir auf folgende Weise: Der Vorsänger stimmt an, und dann fällt die ganze Kirche ein.

Ordensfrauen sehen deshalb so jung aus, weil sie viel arbeiten, viel beten und alles andere dem lieben Gott überlassen.

Die Frauen der Gemeinde, die diese Leckereien gebacken haben, fanden reißenden Absatz.

An der Isar siedelten sich Mönche an. Diese vermehrten sich ungeheuer, und so entstand die Stadt München.

Im katholischen Frankreich ist der Islam die zweitstärkste Religion nach Protestantismus und Judentum.

Schließlich wünschte er dem Neupriester und Ordensmann immer einen guten Kontakt zu seinen Mitbrüdern, denn nur so lasse sich die Zölibatsverpflichtung leben.

Die Pfarrhaushälterinnen ermöglichen den Priestern ein eheloses Leben.

Schnee und Eis haben in Rom auch unter den Pilgern im Vatikan Opfer gefordert. Etwa 50 von ihnen wurden im Krankenhaus vom Heiligen Geist behandelt.

Landwirte können ihre Kühe nicht tragen

Der Landwirtschaftsminister ließ die Bauern zusammenkommen, denn die Schweine fraßen zuviel.

Im Freibad pflanzt man aus: Kopfsalat, Frühkohl, dicke Bohnen, Steckzwiebeln und gegen Ende des Monats Frühkartoffeln.

Zwei Rheinhessen-Weine in verschiedenen Qualitäten standen zur Katastrophe bereit.

Gut verkaufen lassen sich derzeit deutsche Weine aus Württemberg und aus Baden. Eine Bärenauslese ist beispielsweise zur Zeit so gut wie nicht zu verkaufen.

In der Bundesrepublik Deutschland wird immer mehr Käse gesessen.

Nehmen Sie Margarine oder Butter, das gibt dem Gepäck einen feinen Geschmack.

Als Taubenvater fühlt sich der Wiener Pensionär: »Irgendwer muß ja nach den Vierbeinern schauen.«

Nach dieser Bestimmung ist es insbesondere verboten, Tieren der besonders geschützten Art nachzustellen und sie zu fragen.

... wurden trotz Feuer Kühe und Bullen gemolken.

Drei Rinder konnten zusammen mit dem Metzger eingefangen werden, das vierte brach und verschwand im Wald.

Schweizer Zuchtstiere sind eine Rarität geworden. Denn aus dem Ausland kommen Züchtungen, die bedeutend mehr Milch produzieren können.

Die Sau wird übrigens gemästet und demnächst zusammen mit dem Personal verspeist.

Auf großes Interesse stieß die Schweine-Schlachtschau in Bad Hersfeld, bei der eine neue Kreuzung der Waldhessen-Bauern vorgestellt wurde.

Mit 1,3 Millionen Mastschweinen liegt der Kreis Warendorf an dritter Stelle im Bundesgebiet. 1842 Schweine mußten im vergangenen Jahr wegen Seuchen notgeschlachtet werden. Trotz Aufgabe der Milchgewinnung in vielen Betrieben blieb die Zahl der Kinder mit 115 000 im vergangenen Jahr nahezu unverändert.

500 Welpen wurden im Tierheim gezeugt. Schuld daran trägt auch ein Pfleger, der sich daraus einen Sport gemacht hatte.

Hund biß Jogger: Für Schaf gehalten?

BB verkauft Kleider für Tiere.

Gemeiner Hund vergiftet Haustiere.

... wedelt der Hund mit dem Schwanz, und der Halter würde gut daran tun, ihm auf die gleiche freundliche Art entgegenzutreten.

Das Schwein ist dem Menschen sehr verbunden – und umgekehrt.

Statt auf die Sau sprang ein Zuchteber seinen Besitzer an.

Der Aicherbauer von Aich hat seinen Landwirtschaftsbetrieb auf Schweinezucht umgestellt. Dazu hat er sich einen bildschönen belgischen Zuchtstier gekauft.

Die Bundesbürger essen mehr Haie als umgekehrt.

Verzicht auf Sex soll Forellen dicker machen.

Im Kochtopf liebt der Fisch die Phantasie.

Wir atmeten auf, denn die Wasserflöhe lebten noch, wenn sie auch nicht ansprechbar waren.

Manchmal, wenn man über Land fährt, sieht man schon wieder Hühner oder Menschen auf Fahrrädern.

Auf jeden Grafschafter Kopf fallen 288 Eier im Jahr.

Eier gibt's von freilaufenden Hühnern, die noch auf echtem Mist gekratzt haben – man schmeckt's.

Allen meinen Zuchtfreunden zur Kenntnis, daß ich aus gesundheitlichen Gründen keine Eier mehr ausbrüten kann.

... und sind wir dankbar für jeden Tip!

Wer auf dem Weg von der Arbeit nach Hause baden geht und ertrinkt, bekommt keine Unfallversicherung.

Lassen Sie die Holzkohle gut durchkühlen und eine leichte Ascheschicht aufweisen, bevor Sie das Grillgut auflegen.

Der kleine Wink: Eine verlassene Suppe kann man mit trockenem Brot oder ein paar rohen Kartoffelscheiben wieder in Ordnung bringen.

Schon der Verzehr von wenigen Kindern kann zu schweren Vergiftungserscheinungen führen.

Um Eischnee oder Sahne schaumig zu schlagen, verwenden Profi-Köche Kupferschalen. Durch die runde Form kann der Schneebesen in jede Ecke gelangen.

Der Lebenshilfe-Zeigefinger war zwar immer da, aber er war liebevoll in der Hosentasche versteckt.

Bettfedern quietschen nicht mehr, wenn man sie mit Möbelpolitur einreibt.

Busen vergrößert – Gefahr im Flugzeug. In großen Höhen droht Explosion!

Stille, aber furchtbare Arbeit

Waldhotel Rose. Ab 12 Uhr parken die Autos in der Hauptstraße ab Rondell aufwärts und nehmen das Mittagessen ein. Zielankunft wird ab 17.00 Uhr vor der Diskothek Löwenburg sein.

Grund zum Feiern hat heute die BfG-Bank für Gemeinwirtschaft: es gibt sie seit 20 Jahren in Hildesheim. Übrigens will sie mit ihren Kunden auf den Geburtstag anstoßen. Sex und Frühlingsblumen warten als kleines Präsent heute während der Geschäftszeit im Gebäude Rathausstraße – Ecke Scheelenstraße.

Im Freien und im Saal war Tanz, eine Fünf-Mann-Kapelle schielte emsig bis zum frühen Morgen.

Die Herren der Schöpfung wurden mit der Vorführung von handgestrickten Bundlederhosen, rustikalen Lodenjankern und schlafwollenen Westen bedacht.

Ein extra Lob verdienen alle unsere Gäste, die uns an den drei Festtagen durch ihre Abwesenheit erfreuten.

25jähriges Gründungsfest, 8.30 Uhr Gedenkgottesdienst in der Pfarrkirche, ab 10 Uhr musikalischer Frühschoppen in der Pfarrkirche.

Es war wirklich eine gelungene Jubelfeier. Mancher Kollege, der nicht erschienen ist, wird es sicher bereut haben, als er erfuhr, wie schön es war, nicht dabeigewesen zu sein.

Kein Wunder, daß kaum einer der Großhansdorfer weiß, daß hier ein Institut der Erwachsenenbildung seit nunmehr 13 Jahren stille, aber furchtbare Arbeit leistet.

Freibäder in Rheindorf und Manfort offen. In Manfort noch ohne Becken.

Weithin bekannt aber sind die Moosbacher Kirchweihbraten. Viele Gäste und Enten werden ihr Leben lassen müssen.

Am morgigen Samstag beginnt um neun Uhr in Benrath die Eilsauf-Saison.

Das in Panama registrierte Ausflugsschiff ›Baltic Star‹ lief am 13. Oktober in den Stockholmer Schären bei dichtem Nebel mit voller Fahrt auf einer Insel auf. Einer der zwei Hauptkessel der Dampfmaschine war vorher ausgefallen, das Ruder ließ sich nur schwer bewegen, der Kompaß war falsch justiert, der Kapitän zum Telefonieren unter

Deck gegangen, der Ausguck auf dem Vorschiff machte gerade Kaffeepause, und der Steuermann hatte in Englisch einen falschen Befehl an den Rudergänger gegeben, der schwerhörig ist und außerdem nur Griechisch versteht!

Gut gewählt war das Schlußlied, das der Holzland-Dreigesang dem schier atemlos lausenden Publikum vortrug.

Musikverein Tiefenstein/Hettenrodt: Die Probe des Jugendorchesters morgen, Mittwoch, fällt aus. Dazu sind alle Mitglieder eingeladen.

Händels Konzert für Harfe und Orchester war für die zahlreichen Zuhörer ein besonderer Genuß, da Hafenkonzerte doch selbst in Konzertsälen zu den Raritäten gehören.

In der Fastenzeit spielt sich übrigens jeden Donnerstag in der Klosterkirche ein seltenes Schauspiel ab: eine richtige Ölberg-Andacht. Dabei »schwebt« ein Bus aus dem Dorf, im Barock-Kostüm als Engel verkleidet, am Seil von der Kirchendecke zum Hochaltar hinunter.

Gerhart Hauptmanns ›Der Bierpelz‹: eine Einführung zur Inszenierung von Gerhart ...

Summa summarum: eine sehr experimentelle, noch sehr unsichere Aufführung – auf einer gänzlich leeren Bühne übrigens, für deren Ausgestaltung sich der Bühnenbildner den Beifall der Zuschauer holte.

Kolpingfamilie, Seniorengruppe: Ausnahmsweise am Freitag, dem 14. Dezember, findet in der Gaststätte ›Edelweiß‹, Kohlenstraße, um 15.30 Uhr eine besinnliche Adventsfeier statt. Hierzu sind die Senioren mit ihren Angeklagten eingeladen. Bitte Gesangbuch mitbringen.

29 Gardekommandanten folgten damals dem päpstlichen Ruf, wurden von Michelangelo eingekleidet und versahen fortan ihren Dienst – bis heute.

Die Gewerkschaft in Mailand hat beschlossen, aus Protest gegen die Streiks am 6. Februar zu streiken.

Damensortieranstalt sucht für 2–3 mal wöchentlich Frauen aus Gersweiler ...

... in einem stattlichen Staraufgebot. Es würgen mit: James Coburn, Raquel Welch ...

Knüller für Kreuzfahrer: Kinder gratis.

Ehe-Anbahnung (Filialbetrieb im Ruhrgebiet) bestens eingeführt, wegen Scheidung zum Preis von DM 55 000,- sofort abzugeben.

Bekannte Tanzkapelle sucht Schlafzeuger mit Gesang, keine Anfänger.

Volksbanken und Raiffeisenbanden bilden verstärkt aus.

Beide bestätigen, daß ihr Arbeitstag länger als 24 Stunden dauert, aber beide sind für die Festspiele nur teilbeschäftigte Angestellte – wenn sie auch mehr als volle Arbeitszeit einbringen.

Tragisch!

Willy Bogner hat ein Bein in Zürich.

Sie fiel aus allen Wolken. Ein halbes Jahr später war sie tot.

Prof. Max Spindler wurde am 28. November 1894 im oberfränkischen Steinwiesen-Birnbaum geboren und halbierte sich 1930 in der Landeshauptstadt.

Mitten in einer Moorgegend gelegen, war es ein höchst ungünstiger Ort für eine Sternwarte. An nebligen Tagen kann man dort nicht mal im Innern des Observatoriums klar sehen.

In Peru sind der Verkauf und der Erwerb verhängnisverhütender Mittel verboten worden.

Ein Schlafwandler ist drei Kilometer weit gegangen – ohne es zu wissen.

Vor 300 Jahren begann die Wanderung der Sherpas. Noch immer sind Gruppen unterwegs.

Hätten Sie's gewußt?

Die durchschnittliche Lebenserwartung der Brandbekämpfer liegt bei 61,4 Jahren. Doch ein großer Teil wird erst gar nicht so alt.

Waren früher 180 Beitragsmonate notwendig, um eine Rente zu erhalten, so sind es seit dem 1. Januar 1984 lediglich 60 Minuten.

Die Schadensschätzungen schwanken zwischen 500 000,- DM und einer halben Million.

Fotograf sucht junge Damen ab 98 Jhr. für Portrait- und Aktaufnahmen. Gute Bezahlung wird zugesichert. Zuschriften möglichst mit Foto unter ...

Die Ausstattung des in der Sowjetunion gebauten Fahrzeugs genügt auch den höchsten Ansprüchen. Im Inneren besticht vor allem das übersichtliche und funktionelle Lenkrad.

... erhalten wir Anrufe von erbosten Autofahrern, die darüber klagen, daß wichtige Teile von ihnen abgefressen wurden.

Grundsätzlich ist Vorsicht geboten bei folgendem Fahrgasttyp: Einzeln, zu zweit oder dritt, männlich, ca. 20–50 Jahre alt, normale bis eher schäbige Kleidung, aggressives oder versteckt aggressives Verhalten.

Insbesondere ist darauf zu achten, daß Hunde nicht durch Bellen oder Heulen der Nachbarn über Gebühr in der Ruhe gestört werden.

Die beiden Drehtüren werden in Kürze installiert. Über deren Handhabung erfolgt eine gesonderte Mitteilung.

Ein 65jähriger hat eine Durchschnitts-Lebenserwartung von rund 12, seine um drei Jahre jüngere Ehefrau zur gleichen Zeit von 17 Jahren.

Kein Musikbetrieb, dafür nette Unterhaltung mit dem Tischnachbarn und den bekannten Käsespezialitäten.

Mit knapp einem Meter Körperlänge ist der Biber der stattlichste Neger in unseren Breiten.

Paviane sind, nach den Menschen, die erfolgreichste Affenart.

Jedes zweite bayerische Rindvieh geht fremd.

Sie ist eine Kuh mit großer Ausstrahlung, die den vollendeten Typ der leistungsorientierten und dabei stets harmonischen Schwarzbunten verkörpert. Kühe wie diese mit ihren hervorragenden inneren und äußeren Eigenschaften begleiten die deutsche Zucht in die neunziger Jahre.

Die Brutmaschinen des Geflügelzuchtvereins stehen für jeden zur Benutzung frei. Selbstverständlich werden auch die Eier von Nichtmitgliedern ausgebrütet.

Exotische Zierfische wegen Krankheit äußerst günstig abzugeben.

Nun zur Fütterung: Gesunde Fischer können es ohne weiteres zwei Wochen ohne Futter aushalten.

Wenn Sie auf Ihrer Herbstwanderung von einer Schlange gebissen werden sollten, brauchen Sie keine Angst zu haben – sofern Sie einen Motorrasenmäher zur Hand haben. Man braucht nur das Zündkabel anzuzapfen, den Motor anzuwerfen und das freie Ende des »Zapfkabels« auf die Bißstelle zu halten.

Das von der Landesregierung im März dieses Jahres geänderte Landschaftsgesetz sieht nunmehr eine stärkere Beteiligung der Landschaft in dem Gremium vor, die Sachverständigen fallen weg.

Die obere Wasserbehörde stellt das Überschwemmungsgebiet durch Rechtsverordnung fest. Bis zur Feststellung des Überschwemmungsgebietes gilt das Gebiet, das vom Hochwasser überschwemmt wird, als Überschwemmungsgebiet.

Der Busen hängt ihr zum Halse heraus.

Die Mehrzahl der Geschiedenen sind Frauen.

Achtung! Wir essen und trinken schnell und diskret Ihre Festschmaus-Reste auf.

Ein Viertel der Franzosen, besonders in lauten Großstädten, kriegt vor dem Einschlafen stundenlang kein Auge zu.

Die Welt soll Österreich ruhig für ein Milchland halten. Das ist uns ganz recht. Unsere österreichischen Weine sind uns eh zu schade für den Export. Die trinken wir lieber selber!

Das Ministerium strebt an, den Frauenanteil im Bereich der Abfallwirtschaft zu erhöhen.

Er steht mit leeren Händen da und will sein Ratsmandat ebenso wie seine Ehefrau Anneliese im Ortsrat zurückgeben.

Bei der Todesstrafe ist die Rückfallquote gleich Null.

Die Enthauptung verlief ohne Zwischenfälle. Nachdem das Beil niedergesaust war, lief die Menge kopflos davon.

Selbst bei Beerdigungen kommt keine echte Fröhlichkeit auf.

... Luitpoldstr. 65, Landshut. Die weiteren Gewinner sind im Schaufenster aufgehängt.

Auch unsere dritte Tochter ist ein Mädchen! Wir freuen uns riesig!

Die Bundeswehr hat dem zarten Geschlecht die Tore aufgestoßen. Frau Stabsarzt soll dem Sanitätsdienst den ersehnten Nachschub bringen.

Auch bei künstlicher Samenübertragung mischt er mit, dieser Virus, in Blutkonserven lauert er, und jetzt grinst er gar einem unglücklichen Patienten aus einem Austauschherzen entgegen.

Über 100 Jungfeuerwehrmänner an Wissen brennend interessiert.

Wir fahren alles, was klein ist, egal wie groß.

3 Fahrzeuge aus Richtung Süden fuhren frontal aufeinander.

Wer ein Motorrad fahren will, braucht vorerst noch keinen Führerschein, solange er auf Binnengewässern bleibt.

Er schnitt fröhliche Grimassen, als hätte er nicht zwei Tage vorher einen Selbstmord unternommen.

Die drei Täter zerstreuten sich sofort in alle vier Himmelsrichtungen.

160 Häftlinge warten auf den Tag der offenen Tür.

Diese widrigen Umstände hatten den Spielern freilich nichts ausgemacht, wohl aber der türkische Boden im Haberland-Stadion.

Sie drückten dem schußschwachen Polen vergeblich die Damen.

Nach nicht einmal zwölf Monaten wog sie dank dieser Methode nur noch halb soviel wie vorher, 148 Kilo statt 67 Kilo. Eine tolle Leistung!

Allrad: Diese neue Klasse steht für Fahrzeuge, die auf allen Rädern fahren.

Von alten und neuen Berufen

Bereits in der kaiserlichen Marine hatte Hans Sträser als Matrone gedient.

Waldbesetzer hängen an alten Bäumen.

Schwabing: Bäume statt Autos – dieser Alptraum gehört jetzt der Vergangenheit an.

Drei Bedienstete hätten früher die Anlage gepflegt, heute sei es nur noch die Hälfte.

Sollten sich nicht genügend freiwillige Helfer finden, müssen welche dazu ernannt werden.

Stripperin zum Ausziehen verurteilt.

Volltrunkener Elektriker beging Kurzschlußhandlung.

Elektriker aus dem Bereich Schaltschrankverbratung gesucht.

Schritte des toten Autors stören die Studenten.

Wenn erst einmal die Dachpfannen Platin angesetzt haben werden, dürfte sich der Neubau kaum noch von den benachbarten Altstadthäusern abheben.

Das heutige Verglasungsmaterial läßt die Sonnenstrahlen fast ungehindert eindringen, die langweiligen Wärmestrahlen aber nicht wieder hinaus.

Er hat sich bei Meisterschaftsspielen nicht gerade mit Rum überhäuft und am vorigen Samstag beim FC Schalke ...

Nachthemden in den beiden deutschen Kasernen auf dem Vormarsch.

Salvador Dali malt jetzt mit Herzschrittmacher.

Visagegebühren sowie Besorgung der Visa, Gepäckträgergebühren, sämtliche Steuern und Trinkgelder für die genannten Leistungen.

Frau zum Basteln gesucht.

Unsere Leistung, Ihr Vorteil! Wir haben bis 5.3.1987 geschlossen!

Zur Pettiküre und zur Maniküre und neuerdings auch wieder zur Fußpflege können sich die Kunden unter der Nummer ... (es ist die gleiche wie früher) anmelden.

Selbst Badegäste, die Keime ins Wasser tragen, würden sofort abgetötet.

Da sich dreißig Prozent der Bundesbürger selten oder nie die Zähne putzen, befürchtet das NRW-Gesundheitsministerium für die Hygiene im Intimbereich das Schlimmste.

19.30 Uhr. Die Sprechstunde. Ratschläge für die Gesundheit: Narkose – Schlag ohne Risiko?

Dr. Köhler, Weil, von den Lofoten zurück. Sprechstunden zu den üblichen Wartezeiten.

In die Hocke gehen – Arzt kräftig nach vorne schwingen – einatmen!

Bereitschaftsdienste. Dienstag, den 6. Januar: Heilige Drei Könige (nur falls Hausarzt nicht erreichbar).

... wurde die Nützlichkeit des ärztlichen Gesprächs diskutiert, das heute aus nicht ganz erklärbaren Gründen in sechzig Prozent zur Schwangerschaft führen kann.

Geschäftsaufgabe wegen Räumungsverkauf.

Deshalb suchen wir für die Rezeption unserer Frisierstuben eine junge Dame in den besten Jahren. Das Alter spielt keine Rolle.

Kaufe 1000,– DM Scheine! Zahle bis 10 Prozent unter Neupreis.

Unruhe über hohe Durchfallquoten bei Dachdeckern.

Der Münchner Heizungsmonteur Klaus W. (41) bummelt Überstunden ab; er sagt: ich erledige frühmorgens einen Kunden und dann geht's an die Sonne.

Ach, so ist das!

Die besten Ehen bestehen aus zwei Personen: Mann und Frau.

... für den, der dieses Buch nicht kennt, wird es neu sein.

Sie hat kurz vor ihrem Tod noch gelebt.

Wer seine Wirbelsäule liebt, darf im Bett nicht sündigen.

Die Wüste Sahara wächst vor allem an ihren Randgebieten.

Hammerschläge auf den Kopf gelten als äußerst schmerzhaft.

Prognosen sind immer dann schwierig, wenn sie sich auf die Zukunft beziehen.

Morgen geht der Vollmond am frühen Abend total verfinstert auf.

Männliches Rindvieh (Bullen), das sind Kühe ohne Euter.

Bei der Geburt ist künftig auch die Mutter dabei.

Je weniger Fett sie enthält, desto magerer ist die Wurst.

Zum ersten Mal steht eine Frau weiblichen Geschlechts vor der Verkäuferschar.

... und nun das Wetter!

Der Juni 1984 war also um 2,8 Grad kälter, als er normalerweise sein sollte, nämlich 16,4 Grad. Außerdem schien die Sonne nur an 127 Tagen. Die letzte niedrige Sonnenscheindauer mit 140 Tagen wurde im Juni 1956 registriert.

In Österreich strahlt meistens die Sonne. Dadurch wird es immer wärmer.

Trockene, warme Luft fließt von Ostern her nach Deutschland.

Das Wetteramt sagt Bevölkerung mit Aufheiterungen voraus.

Anfangs noch freundlich, dann zunehmend unanständig.

Zum Abend verdüstern sich die komischen Verhältnisse, besonders wenn Sie zu den Januargeborenen gehören.

Das Wochenende wird schön: Unwetter und Waldbrände.

Das Wetter wird in der Zeit von 17.00 bis 24.00 Uhr abgestellt. Bereiche bitte der Bekanntmachung entnehmen.

Morgen: morgens neblig, dann sonnig, warum.

Schwach gestörte Meeresluftwaffen eines Tiefs über England beeinflussen das Wetter.

Schrecklicher Regen – sogar Fische ertranken.

Im April und Mai ist Vollmond, jeweils am 6. Juni und 6. Juli.

Igittigitt ...

Ein karges Süppchen ist in vieler Leute Munde.

War der Abfall bisher für die meisten nur ein anrüchiges Problem, so ist der Müll heute ein Dauerbrenner in aller Munde.

Wir essen viel mehr Salz, als unser Körper braucht, nämlich 10 bis 15 Kilo pro Tag.

Streusalz ist wieder in aller Munde.

Gewinnlos!

Alle richtigen Lösungen nehmen an der Verlosung teil. Die Benachteiligung erfolgt durch die Post.

Die im ›Leser-Echo‹ veröffentlichten Zuschriften geben nicht die Meinung der Redaktion, sondern die Meinung der Redaktion wieder. Die Redaktion

In der gleichen augenfreundlichen Schrift
bei dtv erschienen:

Lach doch wieder!
Geschichten, Anekdoten, Gedichte und Witze

Zusammengestellt von
Helga Dick und Lutz-W. Wolff
dtv 25137

Es kann schon mal vorkommen, daß einem das Lachen vergeht. Wichtiger ist allerdings, daß es wieder zurückkommt! Lachen und Weinen gehören zusammen, und ein bißchen Galgenhumor ist allemal besser als Selbstmitleid und Verzweiflung. Geben doch, wie die hier versammelten Geschichten, Anekdoten, Gedichte und Witze beweisen, die Gründe für unser Unglücklichsein oft genug auch zur Heiterkeit Anlaß. Es geht uns besser, wenn wir zu den Dingen und zu uns selbst ein bißchen Distanz haben, das zeigen Peter Bamm, Erma Bombeck, Ilse Gräfin von Bredow, Art Buchwald, Sinasi Dikmen, Trude Egger, Lisa Fitz, Axel Hacke, Ursula Haucke, Johann Peter Hebel, Elke Heidenreich, Inge Helm, Irmgard Keun, Siegfried Lenz, Christian Morgenstern, Christine Nöstlinger, Alexander Roda Roda, Herbert Rosendorfer, Eugen Roth, Hans Scheibner, Michail Sostschenko, Phyllis Theroux, Ludwig Thoma und Kurt Tucholsky.

In der gleichen augenfreundlichen Schrift
bei dtv erschienen:

Viele schöne Tage
Ein Lesebuch
Zusammengestellt von Helga Dick
und Lutz-W. Wolff
dtv 25126

Vierzehn ungewöhnliche Erzählungen.

»Schöne Tage – man wünscht sie anderen, und man wünscht sie sich selbst. Manche schönen Tage scheinen vorprogrammiert: Hochzeiten, Jubiläen, Geburtstage und natürlich der Urlaub. Aber wer sich selbst besser kennt, weiß auch, daß es oft die unauffälligen Stunden sind, die Glück und Zufriedenheit ausmachen, die seltsame Begegnungen und Überraschungen bringen und am Ende das Leben verändern. Einige dieser Augenblicke sind hier festgehalten von Madison Smartt Bell, Heimito von Doderer, Barbara Frischmuth, Peter Härtling, Marlen Haushofer, Franz Hohler, Hanna Johansen, Marie Luise Kaschnitz, Roland Koch, Siegfried Lenz, Margriet de Moor, Isabella Nadolny, Herbert Rosendorfer und Christa Wolf.

Christine Nöstlinger im dtv

»Der Mensch soll sich nicht allzu ernst nehmen und
über sich selbst lachen können!«

**Haushaltsschnecken
leben länger**
Mit Illustrationen von
Christiana Nöstlinger
dtv 20226

Das kleine Frau
Mein Tagebuch
dtv 11452

**Manchmal möchte ich
ein Single sein**
Mit Illustrationen von
Christiana Nöstlinger
dtv 20231

Streifenpullis stapelweise
Mit Illustrationen von
Christiana Nöstlinger
dtv 11750

Salut für Mama
Mit Illustrationen von
Christiana Nöstlinger
dtv 11860

**Mit zwei linken
Kochlöffeln**
Ein kleiner Kochlehrgang
für Küchenmuffel
Mit Illustrationen von
Christiana Nöstlinger
dtv 12007

**Management
by Mama**
Mit Illustrationen von
Christiana Nöstlinger
dtv großdruck 25177

Mama mia!
Mit Illustrationen von
Christiana Nöstlinger
dtv 20132

Werter Nachwuchs
Die nie geschriebenen
Briefe der Emma K., 75
dtv 20049 und
dtv großdruck 25076

**Liebe Tochter,
werter Sohn!**
Die nie geschriebenen
Briefe der Emma K., 75
Zweiter Teil
dtv 20221

*Bei dtv junior sind
zahlreiche Kinder- und
Jugendbücher von
Christine Nöstlinger
lieferbar.*